A Francesc, Anna y Miquel,
con quienes he practicado todos estos ejercicios

INÊS CASTEL-BRANCO

Nací en Lisboa en 1977 y viví hasta los dieciocho años en una pequeña ciudad del interior de Portugal que se llama casi como yo: Castelo Branco. Tocaba el piano y la guitarra y pasaba las vacaciones en casa de mis abuelos, en Aveiro, dibujando y explorando distintas técnicas de pintura. A los dieciocho años me fui a estudiar arquitectura a Oporto. Después, la curiosidad me llevó a hacer un Erasmus en Barcelona. Iba a estar solo un año, pero la ciudad me gustó tanto que acabé quedándome y haciendo un máster en arquitectura efímera y un doctorado sobre los espacios del teatro ritual en los años sesenta.

En 2007 me convertí en editora y durante diez años me dediqué a la maquetación y el diseño de todos los libros de Fragmenta. En 2018 fundé en solitario AKIARA books, una pequeña editorial de literatura infantil y juvenil que publica únicamente libros de producción propia, cuidadosamente escritos e ilustrados.

Mis hijos me contaban a menudo cómo habían empezado el día en la escuela con unos instantes de interiorización, y yo también compartía con ellos lo que había aprendido haciendo yoga o meditación. Una mañana, mientras desayunaba, «vi» el libro que tenéis en vuestras manos y sentí ganas de retomar los pinceles y pintar.

Publicado por AKIARA books | Plaça del Nord, 4, pral. 1.ª | 08024 Barcelona | www.akiarabooks.com | info@akiarabooks.com | Colección: Akialbum, 5
© 2015 Inês Castel-Branco, por el texto y las ilustraciones | © 2022 AKIARA books, SLU, por esta edición | Primera edición en Fragmenta Editorial, SL: octubre de 2015 (con tres reimpresiones en 2016-2017) | Segunda edición en AKIARA books: julio de 2018 (con tres reimpresiones en 2018-2020) | Tercera edición (revisada) en AKIARA books: julio de 2020 Cuarta reimpresión: febrero de 2023 | Impreso en España: @Agpograf_Impressors | Depósito legal: B 12.641-2020 | ISBN: 978-84-17440-13-8 | Todos los derechos reservados
Este producto está hecho con material proveniente de bosques certificados FSC® bien manejados y de materiales reciclados

RESPIRA

INÊS CASTEL-BRANCO

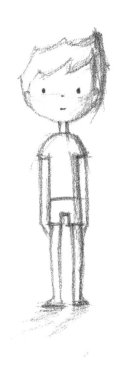

akiara
books

—Mamá, ¡hoy no puedo dormir!

—¿Por qué?

—No lo sé… Estoy nervioso y mi cabeza no para de pensar, de pensar y pensar…

—¿Quieres que te enseñe a respirar?

—¿ R E S P I R A R ? ¡Si yo ya sé respirar!

—¿Pero te has puesto alguna vez a ver cómo lo haces? Por dónde entra y sale el aire, si llenas más la barriga o el pecho, si lo haces lentamente o deprisa…

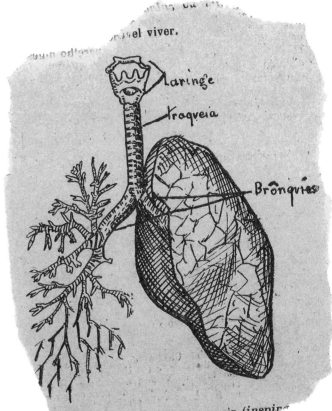

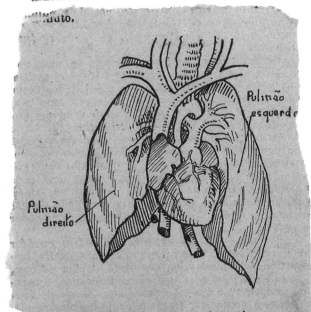

—Hagamos una barca de papel y pongámosla sobre tu barriga.

—¿Una barca? ¡Ya la hago yo!

—Ahora imagina que esta barca está navegando sobre las olas del mar:
sube cuando entra el aire, o inspiras, y baja cuando sacas el aire, o espiras.

—Inspiiiiiiro… y espiiiiiiro.

—Tú eres la ola del mar. No tengas prisa. Déjate llevar por el suave movimiento,
y el ritmo con el que respiras se hará más lento.

—Has trabajado con la parte baja de los pulmones, pero también lo puedes hacer con la parte del medio.

—¿Llenar el pecho de aire?

—¡Sí! ¡Verás que cabe mucho! Imagina que tienes un globo en las manos y lo vas inflando. El globo crece, crece, crece…

PÜUUUMMM

—¡Oh, ha explotado! ¡Vuelvo a empezar!

3

4

ESPIRA

INSPIRA

RESPIRA

—Puedes inspirar más lentamente, imaginándote
que hueles, por ejemplo, una rosa…

—…o lavanda, o menta…

—…los pinos, el mar…

—…la tierra mojada después de la tormenta.

—¿Sabes que los brazos te pueden ayudar a respirar
con la parte alta de los pulmones?

—¿Cómo?

—Por ejemplo… ¿quieres ser un cohete que sube
hacia el cielo?

BAAAMMM

—¿Hacia otras galaxias?

—¡Muy lejos! Juntas las manos y, de puntillas, las subes muy arriba. Cuentas hasta cinco y entonces despegas, mientras bajas los brazos y te elevas sobre una nube de humo.

—Has visto como puedes respirar con diferentes partes de tus pulmones.

—¿Y si quiero respirar con todas a la vez?

—Puedes pensar que eres un árbol, un árbol que crece.

—Mis pies son las raíces, el cuerpo es el tronco…

1 inspira
espira

2

—En cada respiración vas levantando los brazos por los lados, abriendo el pecho…

En tres respiraciones habrás dibujado un círculo, o mejor, ¡una copa muy frondosa!

—¡Llena de hojas y manzanas rojas!

—Después, con una sola espiración, vuelves a bajar los brazos y te relajas.

inspira

espira

3   inspira

espira

—Me ha encantado hacer de árbol. Y ahora… ¿podría ser algún animal?

—A ver… ¿un búho?

—¡Sí! ¿Sabes que no puede mover los ojos?

—Por eso gira la cabeza. Y así lo vas a hacer tú: has de inspirar mientras miras a cada lado, y espirar cuando vuelves a la posición de frente.

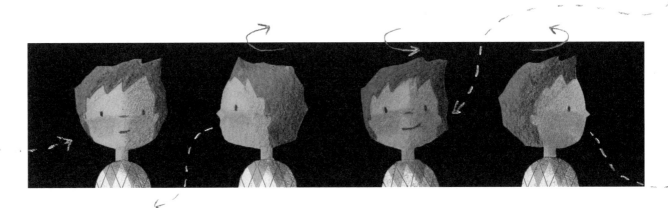

—Prueba también a imitar un gato. ¿Qué hace el gato?

—Se estira con pereza…

—Arquea tú también la espalda: inspira mirando hacia arriba y espira mirando al suelo.

—Para ayudar a arquear la espalda, incluso puedes imaginar que eres una cobra…

—¿De esas venenosas que se levantan para atacar?

—Pues sí. Te estiras en el suelo y, mientras inspiras tranquilamente, subes el cuerpo y la cabeza, haciendo fuerza con las manos hacia abajo. Espiras al bajar.

—¿Y si quiero volar?

—Puedes ser una grulla que alza el vuelo muy ligera. Tienes que mantener el equilibrio primero sobre un pie, luego sobre el otro, mientras abres las alas con elegancia…

—¡Es difícil moverme así!

—Inspira cuando abres las alas y espira cuando las cierras, cruzando las manos por delante.

—¡Me cuesta soltar la espalda!

—Ponte de pie e imagina que eres una campana mientras vas lanzando los brazos a cada lado.

—DING-DONG…

—Espira a cada campanada, girando el cuerpo hacia atrás, totalmente flexible…

—Para que suene, ¿verdad?

DING
DONG

—Después la campana se detiene y vuelve a estar en silencio. Pon una mano por delante y la otra por detrás de la cabeza, cálmate y concéntrate, mientras respiras suavemente.

—A veces, para entrenar la respiración, puedes imaginar una figura como un cuadrado, un triángulo, unas escaleras, unas murallas…

—…¿O una cordillera?

—¡Eso es! Vas respirando mientras sigues el perfil de las montañas: inspiras cuando subes a la cima, espiras cuando vuelves al valle.

—Por cierto, ¿sabías que podemos respirar con letras? ¿Y que cada sonido hace vibrar una parte diferente de nuestro cuerpo?

—¿No son todos iguales?

—¡No!…

La O fortalece el corazón.

La U resuena en la barriga.

La E hace vibrar el cuello.

La I da vida a la cabeza.

La A limpia los pulmones.

desánimo odio envidia

rabia violencia tristeza

vergüenza ansiedad dolor

—Todo esto está muy bien, ¡pero hay tantas cosas que me asustan!

—Son como nubes de tempestad que no te dejan ver el cielo, ¿verdad?

—¿Y cómo hago para apartarlas?

—Imagina cada uno de estos miedos como una nube oscura. Y vas soplando, y soplando… sintiendo como los miedos se van y empieza a aparecer un cielo azul.

—Mira, cuando estás nervioso, eres como esta bola de nieve que se agita.

—Toda la purpurina está moviéndose y mi cabeza no puede ni pensar.

—Entonces, si empiezas a respirar profundamente, ¿qué le pasa a la purpurina?

—Que va cayendo, hasta que se deposita toda ella en el suelo.

—Y el agua queda limpia, transparente. Como dentro de ti si te sabes tranquilizar.

—Te he mostrado muchas maneras de respirar mejor: con las montañas o los animales, hinchando globos o haciendo navegar barcas, oliendo rosas o haciendo sonar campanas, lanzando cohetes o creciendo como un árbol…

—Sí, ahora me siento más ligero que una nube, no tan espeso… tengo más espacio dentro.

—Y lo tienes, hijo: ¡has descubierto tu espacio interior fijándote, solamente, en cómo respiras! Vuelve a hacerlo siempre que quieras a lo largo del día. Presta atención, por unos momentos, a este aire que entra y sale, como en la vida misma continuamente recibimos y damos.

—Ay, qué sueño… Gracias por lo que me has ayudado a descubrir.

—Venga, ahora vuelve a la cama. Dormirás muy bien esta noche…

RESPIRA
Guía de lectura

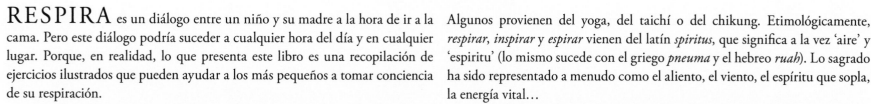

RESPIRA es un diálogo entre un niño y su madre a la hora de ir a la cama. Pero este diálogo podría suceder a cualquier hora del día y en cualquier lugar. Porque, en realidad, lo que presenta este libro es una recopilación de ejercicios ilustrados que pueden ayudar a los más pequeños a tomar conciencia de su respiración.

¿Y por qué es importante respirar bien? Si respirar es un acto fisiológico innato a todo ser humano, no nos debería preocupar cómo lo hacemos. Cuando contemplamos a un bebé durmiendo, nos damos cuenta de que respira profundamente, con todo su abdomen. Pero, con el paso de los años, vamos abandonando esta respiración abdominal y completa, el diafragma pierde flexibilidad y pasamos a una respiración más superficial. Recuperar una respiración plena es un paso muy importante para conectar con nuestro cuerpo y mejorar nuestra salud. Si los niños y niñas lo aprenden, les estamos dando herramientas para que puedan vivir con más profundidad a partir del acto más sencillo y necesario que hacemos: respirar.

Como la teoría parece complicada y los niños y niñas viven de historias, este libro presenta una serie de ejercicios ilustrados y adaptados a los más pequeños tal y como ya se están aplicando en muchas escuelas y lugares.

Algunos provienen del yoga, del taichí o del chikung. Etimológicamente, *respirar*, *inspirar* y *espirar* vienen del latín *spiritus*, que significa a la vez 'aire' y 'espíritu' (lo mismo sucede con el griego *pneuma* y el hebreo *ruah*). Lo sagrado ha sido representado a menudo como el aliento, el viento, el espíritu que sopla, la energía vital…

Frente a la dispersión del mundo actual, en el ámbito educativo se habla de la necesidad de trabajar la interioridad con el alumnado. No se trata solo de probar técnicas, sino de aprender a escuchar, a reflexionar, a estar en silencio… Vivir más abiertos a nuestro interior, a los demás, al mundo y a lo trascendente.

Pero muchas familias no saben cómo hacerlo en casa. Se han perdido rituales que tenían sentido en el pasado y, a menudo, no ha aparecido nada que los reemplace. La gran cantidad de estímulos tecnológicos tampoco ayuda a calmar la mente al final del día. Hacer unas respiraciones conjuntas crea un clima de interiorización que se puede continuar de muchas formas: agradeciendo el día, rememorando los momentos especiales o rezando, de acuerdo con las creencias de cada familia. No es necesario dedicarle mucho tiempo: solo hay que conectar con el cuerpo, que nos lleva al aquí y ahora en el que inspiramos y espiramos tranquilamente, sintiendo que recibimos y damos vida.

Madre e hijo

La respiración se relaciona directamente con nuestras emociones: cuando estamos nerviosos, la respiración es rápida y sonora; cuando estamos tranquilos, pasa a ser pausada y armónica. Por eso, si en momentos críticos sabemos controlar la respiración, podremos reaccionar con serenidad. ¿Cuántas veces nos dicen que nos tranquilicemos y no sabemos cómo hacerlo? ¿Cuántas veces queremos concentrarnos y tenemos mil ideas rondando por la cabeza? ¿Cuántas veces queremos dormir y las preocupaciones del día siguiente nos asaltan?

Ejercicio

Podemos observar la respiración sin intervenir, sintiendo sencillamente cómo entra y sale el aire por las fosas nasales (o por la boca). Cuando nos centramos en el acto de respirar, dejamos de pensar en las mil y una cosas que nos pasan por la cabeza a cada momento. En la barriga o en el pecho no hay pensamientos: solo el aire que entra y sale, y unos órganos fantásticos que cumplen su misión.

La ola del mar

Este ejercicio ayuda a trabajar la respiración abdominal, la que todos hemos utilizado durante los primeros años de vida. El yoga da mucha importancia a la respiración, y por eso los *pranayama* son ejercicios para regular la energía vital (*prana*) a través de la respiración. El agua es un símbolo de purificación y de renovación. Sentirse ola del mar permite calmar el ritmo respiratorio y experimentar que somos parte de un todo más grande.

Ejercicio

Nos estiramos con la espalda en el suelo, los ojos cerrados y los brazos relajados al lado del cuerpo. Colocamos la barca de papel sobre la barriga e imaginamos que somos una ola del mar. Podemos poner una mano en la barriga y otra en el pecho, para asegurarnos de que movemos la barriga y no el pecho. El aire entra y llega a la parte baja de los pulmones, dilatando el diafragma. Cuando exhalamos, es como si algo atrajera al diafragma, hundiendo la barriga (como en los abdominales hipopresivos).

Hinchar globos

Este ejercicio crea la necesidad de una aspiración profunda para luego soplar fuerte y llenar un globo. De esta manera se descontraen los órganos de la respiración y se aumenta la capacidad pulmonar. Cuando los brazos se van alargando, las costillas se separan y se crea más espacio en la parte media de los pulmones para que entre el aire. Visualizar un globo permite también tomar consciencia de los pulmones como un globo que se hincha y se deshincha.

Ejercicio

Unimos los dedos correspondientes de cada mano delante de la boca, como si tuviéramos un globo entre las manos, y hacemos la primera inspiración-espiración. Después las separamos un poco y hacemos la segunda. La tercera la hacemos con los brazos más abiertos… hasta que el globo imaginario estalla y decimos ¡PUUUUMM! Deberemos sacar otro globo del bolsillo y volver a empezar. Después de repetir el ejercicio varias veces, podemos atar el último globo a un hilo, dejarlo volar hacia el cielo y saludarlo mientras desaparece.

Oler las rosas

El ejercicio de oler diferentes perfumes recurre a evocaciones olfativas para conseguir una respiración serena y fluida. Debemos imaginar un olor que conozcamos bien e inspirar tan lentamente como podamos para abrir todos los poros de los pulmones. Cuando exhalamos por la boca, es como si devolviéramos el perfume a su lugar de origen. Se trata de un ejercicio que trabaja la imaginación y los sentidos (cada olor va normalmente asociado a un color, a una sensación táctil o a un sabor).

Ejercicio

Cerramos los ojos y vamos imaginando diferentes olores que nos resulten agradables. La aspiración y la exhalación han de ser pausadas. Para conseguir relajarnos, el tiempo de exhalación tendría que ser el doble del tiempo de inhalación, con una pausa en medio —existe también la técnica del 4-7-8 (inspiración-pausa-espiración) para relajarnos y dormirnos. En el momento de exhalar, también podemos imaginar que estamos soplando una vela sin apagarla, o soplando para hacer pompas de jabón, o para esparcir los filamentos de un diente de león, o para empañar un vidrio…

Lanzar el cohete

12345

En esta respiración, imaginamos que somos un cohete que está a punto de despegar. Estiramos lentamente los brazos hacia arriba, sintiendo la verticalidad y dilatando la caja torácica, para que entre más aire en los pulmones. Hacemos una pausa arriba, reteniendo el aire, lo que calma el ritmo respiratorio y nos serena. Después dejamos caer los brazos por los lados, facilitando el cierre del espacio intercostal y el vaciado de los pulmones.

Ejercicio

De pie, con los brazos doblados a la altura de los hombros y los dedos tocándose por delante del pecho, inspiramos mientras juntamos las palmas de las manos y, poniéndonos de puntillas, las vamos subiendo por encima de la cabeza, tanto como podamos. Contamos hasta cinco, manteniéndonos en esta posición. Después el cohete despega y expulsa su base, elevándose sobre una nube de humo: entonces los brazos bajan por los lados.

El árbol que crece

Hay muchas versiones del árbol que crece, algunas más complicadas que la que presentamos aquí, pero todas llevan a una respiración completa. Este ejercicio tiene su origen en el yoga egipcio. A medida que los brazos se van levantando por los lados, el pecho se va abriendo y el aire ocupa todo el espacio interior. La respiración pasa, pues, de abdominal a torácica y, finalmente, clavicular, de modo que se acaba respirando con la totalidad de los pulmones.

Ejercicio

De pie, con los pies hacia delante y las rodillas ligeramente flexionadas, inspiramos mientras levantamos un poco los brazos por los lados, para luego espirar desde esa posición. Después volvemos a inspirar mientras subimos los brazos a la altura de los hombros, y espiramos. Finalmente, levantamos los brazos hasta arriba y, al espirar, dibujamos un círculo por los lados para volver a la posición inicial.

El búho y el gato

La respiración del búho ayuda a reducir el estrés en los hombros y a estirar el cuello. Los estiramientos son movimientos parecidos a los del calentamiento muscular que realizan quienes practican deporte o danza. Este estiramiento ayuda a reeducar el cuerpo, evita la tortícolis y libera tensiones, además de irrigar mejor el cerebro y aumentar así la concentración.

La postura del gato es una típica *asana* del yoga (llamada *bidalasana*) que aumenta la flexibilidad de la espalda y estira los músculos del cuello. Al arquear la espalda hacia arriba, creamos más espacio en los pulmones, y al redondearla hacia abajo, cerramos la caja torácica y vaciamos los pulmones. Esta postura ayuda a ganar más flexibilidad corporal y mental.

Ejercicio

Nos sentamos con la espalda recta, empezamos a inspirar y después espiramos girando la cabeza hacia la derecha. Inspiramos de nuevo al volver al centro y espiramos hacia el otro lado. Podemos colocar la mano derecha sobre el hombro izquierdo cuando miramos hacia la izquierda, y la mano izquierda sobre el hombro derecho cuando miramos hacia la derecha.

Para hacer el ejercicio del gato, nos ponemos en cuclillas con las manos apoyadas en el suelo, la espalda plana y la cabeza caída. Cuando inspiramos, levantamos la cabeza y miramos hacia arriba, arqueando la espalda en forma de U. En cada espiración escondemos la cabeza, llevando la barbilla hacia el pecho y arqueando la espalda como un puente.

La cobra y la grulla

La postura de la cobra (*bhujangasana*) forma parte del yoga. Parecida al ejercicio del gato, también trabaja la flexibilidad de la columna dorsal, reforzando sus músculos. La cobra que se arrastra por la hierba y levanta la cabeza para mirar alrededor puede simbolizar la actitud despierta de abrirse al mundo y estar atento a lo que ocurre en el aquí y ahora.

El ejercicio de la grulla pertenece al chikung, que puede traducirse como 'trabajo con la respiración', concretamente al juego de los Cinco Animales (tigre, ciervo, mona, oso y grulla), que se inspira en antiguas prácticas chamánicas. Parte del principio de la medicina tradicional china según el cual la energía y la salud requieren un equilibrio entre el *yin* y el *yang*.

Ejercicio

Estirados con la barriga en el suelo y las manos al lado de los hombros, inspiramos mientras levantamos la cabeza, a la vez que estiramos los brazos y arqueamos la espalda. Al espirar, volvemos lentamente a la posición inicial. También podemos realizar este ejercicio sentados, presionando las manos contra una mesa, para luego descansar la cabeza sobre la mesa al exhalar.

De pie, damos un paso hacia delante con el pie izquierdo, levantamos del suelo el talón del pie derecho y abrimos las manos a ambos lados, mientras inspiramos. Avanzamos el pie derecho y nos agachamos un poco, cruzando las manos por delante de las rodillas mientras espiramos. Vamos alternando los dos pies y caminando hacia delante, simulando el vuelo sereno de la grulla.

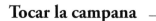

Tocar la campana

El ejercicio de la campana proviene de un movimiento de calentamiento característico del taichí, una antigua práctica taoísta de «meditación en movimiento». Este ejercicio de calentamiento promueve una rotación para flexibilizar la columna vertebral, soltar la cadera y relajar toda la musculatura del cuerpo.

El segundo ejercicio ayuda a que los pensamientos se calmen y la mente se relaje. Conectar con el silencio interior mejora nuestra concentración y potencía la creatividad.

Ejercicio

Nos ponemos de pie, con las piernas abiertas, los pies paralelos y las rodillas un poco flexionadas. Levantamos los brazos mientras inspiramos y después los dejamos caer a cada lado, golpeando el cuerpo y girando la cadera mientras espiramos. Para ayudar a equilibrar el cuerpo, debemos levantar la punta del pie hacia donde se giran los brazos y estirar la pierna.

En la segunda postura, cerramos los ojos y colocamos una mano sobre la frente y otra en la nuca, mientras respiramos tranquilamente. Una variante es poner los dedos de ambas manos en la frente, por encima de las cejas, lo que ayuda a liberar el estrés.

DING DONG

Respirar con las montañas

En este ejercicio, las montañas constituyen un símbolo que ayuda a la mente a concentrarse y a conectar mejor con la esencia invisible de la respiración. Podemos utilizar múltiples formas, como cuadrados, círculos, triángulos, escaleras, murallas, montañas, números o letras…

Ejercicio

Podemos dibujar una forma en una pizarra o un papel e invitar al niño o la niña a recorrerla con la respiración. En el caso de una cordillera, se trata de ir siguiendo el perfil de las montañas, inspirando cada vez que sube a una cima y espirando cada vez que baja a un valle.

Vibrar con las vocales

Los sonidos nos pueden ayudar a sentir mejor la respiración. Las letras, en concreto, vibran en partes diferentes del cuerpo: la U resuena en la barriga y puede aliviar los dolores de estómago; la O fortalece el corazón y va unida a la capacidad de amar; la A tiene una gran influencia sobre los pulmones; la E vibra más en la zona del cuello y los hombros, y la I vibra por todo el cuerpo y sobre todo en la mente, revitalizándola.

Ejercicio

Nos sentamos en una silla, inspiramos profundamente y durante la espiración vamos diciendo cada vocal con una intensidad constante, intentando percibir donde vibra: U (barriga), O (corazón), A (pecho), E (cuello) e I (cabeza). También podemos respirar con las consonantes, que ofrecen resistencia a la salida del aire: el viento (ffffff…), una manguera (xxxxxx…), un ventilador (vvvvvvv…) o una serpiente (ssssss…).

El viento que deshace las nubes

Esta visualización produce una respiración profunda y rítmica, que ayuda a concentrarse y a abandonar los pensamientos negativos. Desde siempre, las visualizaciones se han utilizado para inducir la relajación o para preparar una respuesta serena y positiva de cara a situaciones futuras. No se trata solo de imaginar situaciones, sino de contemplarlas conscientemente, creándolas en nuestra mente y dejándonos transformar.

Ejercicio

Imaginamos un cielo de tormenta. Podemos nombrar cuáles son las nubes oscuras que vemos: el miedo, el dolor, la vergüenza, la rabia, la envidia, el desánimo… Soplamos y observamos como estas nubes se van deshaciendo, las letras de sus palabras caen una a una y aparece un cielo azul. También podemos inspirar ideas positivas y espirar su contrario: entra la paz, sale la guerra; entra el amor, sale el odio; entra la alegría, sale la tristeza; entra la confianza, sale el miedo…

El tarro de la calma

Este ejercicio parte de la contemplación de los movimientos que hacen los copos de purpurina dentro de un recipiente con agua. El bote de purpurina o globo de nieve, que a menudo contiene una figura y simula un paisaje con nieve, constituye una metáfora de la agitación de nuestra mente. Hoy se llama *mindfulness* o 'atención plena' al centrarse en la respiración para estar plenamente presentes en el aquí y ahora. Cuando la purpurina se deposita en el fondo y el agua se vuelve calma, se recupera la serenidad original de la mente.

Ejercicio

Podemos construir una bola de nieve en casa a partir de un bote de vidrio donde ponemos agua (destilada, a ser posible), un poco de glicerina (para dar viscosidad) y purpurina. Podemos pegar una figura al interior de la tapa (con silicona o pegamento) y cerrar el bote. En momentos de alboroto o descontrol emocional, podemos invitar al niño o la niña a ir a la habitación, agitar el bote y observar cómo la purpurina va bajando y el agua se vuelve limpia. Una metáfora que nos ayuda a entender lo que ocurre en nuestro interior.

Meditación

En esta última imagen aparecen elementos de todas las anteriores: se trata de recursos posibles para ayudar a respirar, a calmarnos, a estar presentes, a controlar las emociones, a disipar los miedos, a contemplar, a agradecer… Herramientas asequibles para pequeños y mayores, juegos que querremos experimentar y que con el tiempo nos irán transformando.

Ejercicio

En momentos de nerviosismo o de miedo, podemos hacer tres o cuatro respiraciones completas y profundas. Basta con unas pocas respiraciones para serenar el ritmo del cuerpo y cambiar nuestro estado mental. Si después preguntamos a los más pequeños cómo se sienten, seguramente nos sorprenderán…